Mit Maria glauben, hoffen, lieben

Konkrete Liturgie

Werner Eizinger

Mit Maria glauben, hoffen, lieben

Neue Maiandachten

Verlag Friedrich Pustet

Bibliografische Information der Deutschen Nationalbibliothek
Die Deutsche Nationalbibliothek verzeichnet diese Publikation
in der Deutschen Nationalbibliografie;
detaillierte bibliografische Daten sind im Internet
über http://dnb.d-nb.de abrufbar.

www.verlag-pustet.de
www.konkrete-liturgie.de

3. Auflage 2020

ISBN 978-3-7917-2317-4

Umschlaggestaltung: Martin Veicht, Regensburg
Umschlagmotiv: Muttergottes mit Jesus. –
Lindenholzstatue von Tilman Riemenschneider, um 1490.
Katholische Pfarrkirche St. Kilian, Haßfurt (Foto: akg-images)
Satz und Layout: MedienBüro Monika Fuchs, Hildesheim
Druck und Bindung: Friedrich Pustet, Regensburg
Printed in Germany 2020

Inhalt

Hinweise zur Gestaltung

- Die Andachten können von einem einzigen Vorbeter geleitet werden, man kann die Sprecherrollen aber auch auf mehrere Personen verteilen.
- Die Lieder sind als Vorschläge zu verstehen, die je nach Liedgut der Gemeinde ausgetauscht werden können. Man sollte lediglich darauf achten, dass die Liedtexte inhaltlichen Zusammenhang mit den Andachtsthemen haben.
- Der unter dem Titel einer Andacht angegebene Schrifttext soll vor der 1. Besinnung aus der Bibel vorgelesen werden. Sind zwei Bibelstellen angegeben, so liest man die erste vor der 1. Besinnung, die zweite vor der 2. Besinnung.
- Wenn ein Kleriker der Andacht vorsteht, kann er sie mit dem Handsegen abschließen; sonst ist eine allgemeine Segensbitte möglich.
- Ein wichtiges Anliegen des Autors ist, die Lebenserfahrungen Marias mit den Erfahrungen zu verknüpfen, die Menschen heute machen.

1

Die alte und die neue Eva

Gen 3,1–6 und Lk 1,26–38

A **Eröffnungsgebet**

Herr Jesus Christus, du unser Freund und Bruder,
heute wollen wir Maria, deine Mutter, ehren.
Sie hat sich ganz in Gottes Dienst gestellt
und ihm als ihrem Herrn gehorcht.
Sie kann uns Vorbild sein für unseren Glauben.
Darum wollen wir über ihr Leben nachdenken,
um von ihr zu lernen.
Sie soll uns zu dir führen,
zu ihrem und unserem Gott,
damit wir wie sie zum Ziel unseres Lebens gelangen,
zu der ewigen Seligkeit, die du uns schenken willst.

Lied

Gegrüßet seist du, Königin (GL 573,1–3)

B **1. Besinnung**

Eva ist uns bekannt aus der zweiten Schöpfungserzählung der Bibel. Dort ist Eva kein Eigenname, sondern Bezeichnung für die Partnerin des Mannes. Und was hat Eva, die Frau, im Sinn? Sie will sein wie Gott: allwissend, unsterblich und uneingeschränkt. Dann muss sie keinen anderen mehr als ihren Herrn, als Gott anerkennen. Sie wird selber wissen und entscheiden, was gut ist und recht. Sie wird nach ihren eigenen Geboten leben können.
Verblendet durch die Gier, Gott gleich zu sein, vergreift sie sich an Gott und wird zur Sünderin.

Stille

Finden wir in uns nicht auch immer wieder diese Eva? Den Wunsch, völlig selbstbestimmt zu leben, ohne eine Autorität, der wir verpflichtet sind? Also uns an Gottes Stelle zu setzen?
Gewiss, wir wollen uns nicht an Gott vergreifen und ihn absetzen, aber ist er uns nicht manchmal doch im Weg? Leben wir nicht manchmal so, als hätte er uns nichts zu sagen?

Lied
Gegrüßet seist du, Königin (GL 573,4–6)

D **Gebet**
Unser Vater, Gott,
immer wieder sind wir versucht, dich zu vergessen
und unsere eigenen Wege zu gehen,
die uns wegführen von dir.
Rüttle uns dann auf!
Gib uns den Geist,
der uns unsere Selbstherrlichkeit erkennen lässt,
damit wir in Einheit mit dir leben.

E **2. Besinnung**
Und dann kommt Maria, eine neue Eva. Sie vernimmt Gottes Willen, und der steht im Gegensatz zu ihrem Wunsch, ihren geliebten Josef zu heiraten und mit ihm eine Familie zu gründen. Und ihre Reaktion: „Mir geschehe, wie du gesagt hast."
Maria, die neue Frau, erkennt Gott als ihren Herrn an. Er darf über sie bestimmen. So kann sie im Einklang mit Gott leben, nicht gegen ihn. Gottes Wille ist ihr Wille.

Stille

Lebt in uns die alte oder die neue Eva? Denken und leben wir wie die Frau in der Schöpfungserzählung oder wie die Mutter Jesu? Vielleicht steckt auch von beiden etwas

in uns: manchmal Trotz und Auflehnung gegen Gott und dann wieder das Ja zu Gott.
Aber wir sind ja nicht willenlos. Wir können dafür sorgen, dass in uns Maria die alte Eva besiegt.

Lied
Mein schönste Zier und Kleinod bist (GL 559,1–2)

G **Fürbitten und Bitten**
Vater im Himmel, wir bitten dich:
- Bewahre uns vor jeder Auflehnung gegen dich.
- Stärke uns, damit wir unseren Trotz gegen deinen Willen besiegen können.
- Hilf uns, unser Wollen mit deinem Willen in Einklang zu bringen.
- Lass uns Maß nehmen am Glauben Marias.

Vater unser …

oder

Bittrufe
Maria, wir rufen zu dir:
A Bitt Gott für sie, Maria.
- Menschen wollen dich nicht als ihren Herrn anerkennen.
- Menschen sind schwach in der Versuchung.
- Menschen gehen ihre Wege, ohne nach dir zu fragen.
- Menschen widersetzen sich trotzig deinem Willen.

H **Wechselgebet**
Mariengruß (Anhang S. 72/73)

I **Segen**

J **Lied**
Meerstern, sei gegrüßet (GL 578,1–3)

2

Überraschung

Lk 1,26–38

A **Eröffnungsgebet**

Herr Jesus Christus, du unser Freund und Bruder,
heute wollen wir Maria, deine Mutter, ehren.
Auch wenn du ihre Lebensplanung durchkreuzt hast,
hat sie ganz auf dich vertraut.
Sie kann uns Vorbild sein für unseren Glauben.
Darum wollen wir über ihr Leben nachdenken,
um von ihr zu lernen.
Sie soll uns zu dir führen,
zu ihrem und unserem Gott,
damit wir wie sie zum Ziel unseres Lebens gelangen,
zu der ewigen Seligkeit, die du uns schenken willst.

Lied

Gruß dir, Mutter (GL 586,1–2)

B **1. Besinnung**

Das Mädchen Maria hat einen Freund: Josef. Die beiden sind auch schon verlobt. In dieser Lage schmiedet man Pläne und ist voller Vorfreude auf das gemeinsame Leben und gemeinsame Kinder. Doch mitten hinein in diese Gedanken tritt der Engel. Er erklärt Maria, dass Gott mit ihr anderes vorhat. Sie soll ein Kind empfangen, obwohl sie mit Josef noch keinen Verkehr hat und nach jüdischem Gesetz auch noch nicht haben darf. Der Heilige Geist wird dies bewirken. Gott selbst will nämlich als Mensch aus ihr geboren werden.

Maria ist völlig überrascht. Sie kann das eigentlich nicht verstehen, denn solches übersteigt menschliche Vorstellungskraft. In ihrem Kopf müssen jetzt tausend Gedanken kreisen: Wie soll das gehen? Was ist dann mit meinem geliebten Josef? Schließlich aber setzt sich in Maria die Bereitschaft für Gott durch. Wenn er hinter dieser Botschaft steht, wenn es wirklich sein Wille ist, dann sag ich Ja.

Stille

Auch wir müssen in unserem Leben immer wieder damit rechnen, dass Gott für Überraschungen gut ist. Wir können in unerwartete Situationen geraten, die unsere Pläne durchkreuzen. Plötzlich kann ein Gedanke in uns aufsteigen, der uns vor neue Herausforderungen stellt, der bisherige Überlegungen zusammenbrechen lässt, der uns eine neue Aufgabe erkennen lässt.
Wie reagieren wir dann? Wenn wir mit Gott verbunden leben und denken, kann es sein, dass wir sofort verstehen, dass er uns angesprochen hat. Es kann aber auch sein, dass wir unsicher sind, ob Gott dahinter steht. Dann müssen wir – oft lange Zeit – im Gebet um die rechte Entscheidung ringen.

C Lied
Maria, Mutter unsres Herrn (GL 577,1–3)

D Gebet
Unser Vater, Gott,
du bist völlig unerwartet in Marias Leben eingetreten
und hast sie vor eine schwere Entscheidung gestellt.
Auch wir müssen immer wieder damit rechnen,
dass du uns in unserem Inneren ansprichst,
weil du uns auf einen anderen Weg führen willst,
als wir uns vorgestellt hatten.
Gib uns dann die Bereitschaft, uns auf dich einzulassen
und deinen Willen anzunehmen.
Stärke in uns das Vertrauen,
dass deine Liebe für uns sorgen wird.

E **2. Besinnung**

Aber was ist jetzt mit Josef? Ich hab ihn doch so lieb. Und er mich auch. Wie wird er reagieren? Er muss fürchterlich enttäuscht sein. Was wird er von mir denken? Wird er mein Ja zum Willen Gottes verstehen? Wird er mich mit dem Kind sitzen lassen?
Das Kind soll ja Gottes Sohn sein. Dann freilich wird Gott schon dafür sorgen, dass alles gut geht.

Stille

Auch in unserem Leben kann es Situationen geben, in denen wir ratlos sind. Wir fragen dann: Wie wird es weitergehen? Werden die Menschen oder wird ein bestimmter Mensch mich verstehen? Wie soll ich mich verhalten? Kann ich wie Maria mich ganz auf Gott verlassen?

F **Lied**

O mein Christ, lass Gott nur walten, 1–2 (GL-Diözesananhänge)

G **Fürbitten und Bitten**

Unser Vater im Himmel, wir bitten dich:

- Für alle Menschen, die nach dem richtigen Lebensweg suchen, um gute Erkenntnis.
- Für alle, die nach dem Sinn ihres Lebens fragen, um das Licht deines Geistes.
- Für alle, die vor wichtigen Entscheidungen stehen, um Klarheit des Geistes.
- Für uns selber um die Bereitschaft, deinen Willen anzunehmen.

Vater unser …

oder

Bittrufe

Maria, wir rufen zu dir:

A Bitt Gott für uns, Maria.

- Um gute Erkenntnis für alle, die nach dem richtigen Lebensweg suchen.
- Um das Licht deines Geistes für alle, die nach dem Sinn ihres Lebens fragen.
- Um Klarheit des Geistes für alle, die vor wichtigen Entscheidungen stehen.
- Um die Bereitschaft, deinen Willen anzunehmen für uns selber.

H **Wechselgebet**

Grüssauer Marienrufe (Anhang S. 77)

I **Segen**

J **Lied**

Lasst uns erfreuen herzlich sehr (GL 585,1–3)

3

Suche nach Gewissheit

Lk 1,35–40.56

A **Eröffnungsgebet**

Herr Jesus Christus, du unser Freund und Bruder,
heute wollen wir Maria, deine Mutter, ehren.
Sie wollte den Erfahrungen ihres Lebens auf den Grund gehen
und hat in dir den Grund gefunden.
Sie kann uns Vorbild sein für unseren Glauben.
Darum wollen wir über ihr Leben nachdenken,
um von ihr zu lernen.
Sie soll uns zu dir führen,
zu ihrem und unserem Gott,
damit wir wie sie zum Ziel unseres Lebens gelangen,
zu der ewigen Seligkeit,
die du uns schenken willst.

Lied

Gegrüßet seist du, Maria (Anhang S. 75) *oder*
Gegrüßet seist du, Königin (GL 573,1–3)

B **1. Besinnung**

Maria hat durch den Engel gehört, dass ihre Verwandte Elisabet schwanger ist und einen Sohn erwartet. Da macht sie sich auf den Weg zu Elisabet. So kann sie herausfinden, ob die Worte des Engels wirklich und wahr gewesen sind und nicht nur Traum und Einbildung. Wenn aber die als unfruchtbar geltende Elisabet tatsächlich schwanger ist, dann ist auch das Wort glaubwürdig, dass sie selbst schwanger ist, obwohl sie noch mit keinem Mann Geschlechtsverkehr hatte. Maria will sofort Sicherheit haben.

Maria ist nicht leichtgläubig. Hat Gott wirklich zu ihr gesprochen? Hat er wirklich so etwas Großes mit ihr vor?

Stille

Auch wir wollen möglichst Sicherheit haben für unsere Zukunft. Wir haben unsere Pläne, und die sollen gut überlegt und durchdacht sein. Dabei wollen wir als Christen vor allem fragen, was Gott mit uns vorhat, was er von uns will, wozu er uns braucht. Und wenn wir meinen, wir hätten es erkannt, kann es trotzdem sein, dass wir unsicher werden, ob wir richtig verstanden haben. Dann versuchen wir, mit ihm ins Gespräch zu kommen. Im Gebet suchen wir Klarheit. Dazu brauchen wir manchmal Geduld. Es kann schon dauern, bis wir sicher sind: Jawohl, es ist sein Wille.

C Lied

Maria, dich lieben (GL 534,1–2)

D Gebet

Unser Vater, Gott,
wenn wir in Ungewissheit sind, werden wir unsicher.
Es gibt die Ungewissheit über einen Menschen,
die Ungewissheit über uns selbst und unsere Zukunft.
Manchmal auch die Ungewissheit über dich.
Wir wissen dann nicht, was wir denken und wie wir uns verhalten sollen.
Darum bitten wir dich:
Gib uns in solchen Situationen Geduld mit anderen,
mit uns selbst und mit dir
und schenke uns zur rechten Zeit die nötige Klarheit.

E 2. Besinnung

Die Worte des Engels haben sich als wahr erwiesen. Elisabet ist schwanger. Doch Maria geht jetzt nicht wieder nach Hause, obwohl sie Gewissheit bekommen hat. Sie versteht, dass eine Hochschwangere Hilfe im Haushalt brauchen kann. Deshalb bleibt sie bis zur Entbindung ihres Sohnes bei ihr und geht ihr zur Hand. Maria denkt nicht nur an sich und an ihre Zukunft. Sie sieht den Mitmenschen und ist für ihn da. Erst nach drei Monaten kehrt sie in das Haus des Josef zurück. Länger aber kann sie nicht bleiben, weil ihre eigene Schwangerschaft schon fortgeschritten ist.

Stille

Wie sieht das bei uns aus? Ist es für uns auch selbstverständlich, dass wir eigene Interessen zurückstellen, wenn wir sehen, dass andere unsere Hilfe brauchen?

F **Lied**
Hilf, Herr meines Lebens (GL 622,1–5)

G **Fürbitten und Bitten**
Vater im Himmel, wir bitten dich:
- Gib uns offene Augen für Probleme und Nöte anderer Menschen.
- Öffne unser Herz für unsere Nächsten, damit wir bereit sind, zu helfen.
- Sende denen, die Hilfe brauchen, Menschen, die sich für sie Zeit nehmen.
- Hilf uns einzusehen, dass wir nicht für Lohn, sondern aus Liebe Gutes tun sollen.

Vater unser …

oder

Bittrufe

Maria, wir rufen zu dir:

A Bitt Gott für sie, Maria.

- Menschen sehen nur sich selbst und leben aneinander vorbei.
- Menschen haben weder Augen noch Herz für ihren Nächsten.
- Menschen verweigern anderen die Hilfe.
- Menschen setzen sich nur für Eigeninteressen ein und missachten das Gemeinwohl.

H **Wechselgebet**

Marienlitanei (Anhang S. 70/71)

I **Segen**

J **Lied**

Freu dich, du Himmelskönigin (GL 576,1–4)

4

Unerwünscht

Mt 2,13–18; Joh 1,9–13

A **Eröffnungsgebet**

Herr Jesus Christus, du unser Freund und Bruder,
heute wollen wir Maria, deine Mutter, ehren.
Ihr Kind war bei den Menschen unerwünscht,
doch sie ist zu ihm gestanden.
Sie kann uns Vorbild sein für unseren Glauben.
Darum wollen wir über ihr Leben nachdenken,
um von ihr zu lernen.
Sie soll uns zu dir führen,
zu ihrem und unserem Gott,
damit wir wie sie zum Ziel unseres Lebens gelangen,
zu der ewigen Seligkeit, die du uns schenken willst.

Lied

Maria, dich lieben (GL 594,1–2)

B **1. Besinnung**

König Herodes hatte von den Magiern und den Schriftgelehrten der Juden erfahren, dass in Betlehem ein neuer König der Juden geboren werden sollte (vgl. Mt 2,1–6). Nach seiner Interpretation musste dieses Kind für ihn und seine Söhne ein Rivale um die Macht sein. Ein solches Kind aber durfte nicht leben. Deshalb lässt er in der Gegend um Betlehem alle Knaben bis zu zwei Jahren ermorden. Weil aber Josef von einem Engel gewarnt worden war, flieht er mit dem Kind und Maria nach Ägypten. So wird das Kind Jesus gerettet.
Die Geburt Jesu war Herodes ein Ärgernis. Der Sohn Marias war unerwünscht. Auch heute sind jährlich Tausende von

Kindern, die ihre Existenz im Mutterleib schon angezeigt haben, unerwünscht. Der Volksmund sagt: Sie werden „weggemacht“. Weggemacht wie ein Schmutzfleck, der stört. Doch was da „weggemacht“ wird, ist ein lebendiger junger Mensch. – Auch Kinder, die geboren wurden, werden manchmal noch als unerwünscht betrachtet. Die einen lassen ihre Eltern verhungern oder verdursten, andere werden zu Tode geprügelt, weil ihr Babygeschrei die Eltern stört oder weil Kinder nicht immer aufs Wort folgen.

Stille

Rivalen um die Macht! Zu allen Zeiten waren Menschen sehr findig, Konkurrenten um Macht und Karriere aus dem Weg zu räumen. Früher haben Herrscher deshalb Kriege geführt, Giftbecher gereicht, Todesurteile gefällt. Heute greift man im Berufsleben zu Mobbing und Ehrabschneidung. Die Methoden haben sich geändert, nicht die Menschen.

C **Lied**
Gelobet seist du, Jesu Christ (GL 130,1–2)

D **Gebet**
Unser Vater, Gott,
wir bitten dich für alle Menschen, die unter unlauterem Ehrgeiz und Machtgier, Geltungssucht und Postengerangel anderer leiden, um die Kraft, einen guten Charakter zu bewahren. Für jene, die andere durch Mobbing und Verleumdung zu schädigen und psychisch zu quälen bereit sind, bitten wir, dass sie zur Erkenntnis ihrer Schuld und zur Umkehr finden.

E **2. Besinnung**

Die Tatsache, dass Jesus bei seinem Kommen zu den Menschen nicht von allen gern gesehen wurde, greift das Johannesevangelium im Prolog auf. Er kam in die Welt, in sein Eigentum, aber die Seinen nahmen ihn nicht auf. Neid und Misstrauen erfuhr er von der herrschenden religiösen Schicht. Schließlich wollte man ihn loswerden durch Folterung und Kreuzigung.
Er hatte zu viel Gutes getan und zu viel Wahres gesagt. Das hatte die Macht der religiösen Obrigkeit ins Wanken gebracht.

Stille

Das Kommen Gottes in die Welt war den Schriftgelehrten und Pharisäern unerwünscht.
Ist Er uns vielleicht auch manchmal unerwünscht? Wenn er auffordert, Gott und die Menschen vorbehaltlos zu lieben? Wenn er fordert, dass wir alle Gebote Gottes halten, nicht nur eine Auswahl, die wir selber daraus treffen? Wenn er erwartet, dass wir auch jene lieben, die uns feindselig gesinnt sind und dass wir Böses nicht mit Bösem vergelten? Wenn er verlangt, dass wir selbst Vergebung üben müssen, wenn wir hoffen wollen, dass Gott auch uns vergibt?

Stille

F **Lied**

Sei uns willkommen (GL 131,1–2)

G **Fürbitten und Bitten**

Vater im Himmel, wir bitten dich:

- Öffne uns Herz und Sinn, damit wir deine Weisungen bereitwillig annehmen.
- Stärke unsere Bereitschaft zu vorbehaltloser Gottes- und Nächstenliebe.

- Schenke allen Eltern herzliche Liebe zu ihren geborenen und noch nicht geborenen Kindern.
- Hilf jenen Kindern, die nicht bei ihren leiblichen Eltern aufwachsen können, dass sie zu Pflegeeltern kommen, bei denen sie Liebe und Geborgenheit erfahren.

Vater unser …

oder

Bittrufe

Maria, wir rufen zu dir:

A Bitt Gott für uns, Maria.

- Um die Kraft, Gottes Weisungen ungefiltert anzuerkennen.
- Um die Bereitschaft zu vorbehaltloser Gottes- und Nächstenliebe.
- Um herzliche Liebe aller Eltern zu ihren Kindern.
- Um liebende Pflegeeltern für jene Kinder, die nicht bei ihren leiblichen Eltern aufwachsen.

H **Wechselgebet**

Magnifikat (GL 689/690) *oder*
Magnifikatlied (GL 261 / Anhang S. 74)

I **Segen**

J **Lied**

Maria, dich lieben (GL 594,5–6)

5

Mutterglück

Lk 2,4–20

A **Eröffnungsgebet**

Herr Jesus Christus, du unser Freund und Bruder,
heute wollen wir Maria, deine Mutter, ehren.
Sie hat Ja zu Gott gesagt,
hat dich in ihrem Leib empfangen und getragen
und war voller Glück über deine Geburt.
Sie kann uns Vorbild sein für unser Leben.
Darum wollen wir über ihr Leben nachdenken,
um von ihr zu lernen.
Sie soll uns zu dir führen,
zu ihrem und unserem Gott,
damit wir wie sie zum Ziel unseres Lebens gelangen,
zu der ewigen Seligkeit,
die du uns schenken willst.

Lied

Ave Maria klare (GL 581,1.3–4)

B **1. Besinnung**

Welch ein Umschwung der Gefühle!

Eben noch war Maria voller Sorge, vielleicht sogar voller Angst. Sie stand kurz vor der Niederkunft, doch in der Herberge war kein Platz mehr für sie. Irgendwo draußen in einem Stall oder einer Felsenhöhle, wo sonst Tiere Unterschlupf fanden, konnten sie Bleibe finden. Und dann war es soweit. Das Kind kam. Kein Arzt, keine Hebamme – aber Josef war ja da. Er konnte ihr helfen. Und dann umfing sie ihr Kind, einen Jungen, wie der Engel gesagt hatte, und drückte ihn an ihr Herz.

Stille

Mütter und Väter können nachempfinden, was Maria in dieser Stunde erlebt hat. Freilich bringen Mütter heute ihr Kind zu Hause oder im Krankenhaus zur Welt und haben einen Arzt oder eine Hebamme als Helfer. Allerdings nicht alle. Manche Kinder werden geboren, während die Mütter auf der Flucht sind vor einem Terrorregime, andere kommen in Slums oder Elendsquartieren zur Welt, manche von ihnen gar auf der Straße – ganz ähnlich wie damals in Betlehem.

C Lied

Welch ein Glück der Auserkornen (Anhang S. 73)

D Gebet

Unser Vater, Gott,
die Mutter Jesu hat ihr Kind, deinen Sohn,
in armseliger Situation zur Welt gebracht.
Erhöre unser Gebet und steh allen Müttern bei,
die in wirtschaftlicher oder seelischer Notlage sind,
damit sie ihr Kind annehmen
und glücklich zur Welt bringen.

E 2. Besinnung

Mit einem Mal sind bei Maria alle Angst und alle Schmerzen wie weggeblasen. Jetzt kann sie ihren Sohn umarmen, ihn ein erstes Mal vom Kopf bis zu den Füßen streicheln. Sie spürt seine Wärme auf ihrer Brust und ist einfach glücklich. Sie kann gar nichts sagen, so groß und tief ist ihre Freude. Dann wickelt sie ihn in die mitgebrachten Windeln und legt ihn in eine Krippe. Von jetzt an werden sie und Josef für das Kind sorgen. All ihre Liebe und Zuneigung werden ihm gehören.

Stille

Es kann kein größeres Glück, keine tiefere Freude geben, als wenn eine Mutter oder ein Vater ihr neugeborenes Kind in den Armen halten und es liebkosen. Und zur Freude gesellt sich der Stolz, Mutterstolz und Vaterstolz. „Es ist mein eigenes Fleisch und Blut“, denken sie dann.
Und Christen fühlen: Es ist ein Gottesgeschenk und so wollen wir mit ihm umgehen. Wir werden für es da sein und Gott dankbar sein. Er hat es uns anvertraut, wir wollen uns seines Vertrauens würdig erweisen.

F **Lied**
Ave Maria klare (GL 581,5–6)

G **Fürbitten**
Unser Vater im Himmel, wir bitten dich:
- Erfülle alle Väter und Mütter mit Freude und Dankbarkeit über die Geburt ihrer Kinder.
- Erhalte ihnen die Liebe und Dankbarkeit auch in erzieherischen Konfliktsituationen.
- Steh den Eltern bei, die mit ihren Kindern überfordert scheinen, und lass sie Hilfe finden.
- Schenke den erwachsenen Kindern Dankbarkeit und Verantwortungsbewusstsein, wenn ihre Eltern der Hilfe bedürfen.

Vater unser …

oder

Bittrufe
Maria, wir rufen zu dir:
A Bitt Gott für uns, Maria.
- Manche Familien geraten in Notlagen und brauchen Hilfe.
- Manche Eltern fühlen sich bei der Erziehung überfordert.
- Manche Eltern müssen sich wegen einer Behinderung ihres Kindes sorgen.

- Manche Väter und Mütter werden im Alter allein gelassen.

H **Wechselgebet**
Mariengruß (Anhang S. 72/73)

I **Segen**

J **Lied**
Gruß dir, Mutter (GL 586,1–4)

6

Die Mutter

Lk 2,21–40

A **Eröffnungsgebet**

Herr Jesus Christus, du unser Freund und Bruder,
heute wollen wir Maria, deine Mutter, ehren.
Als liebende Mutter hat sie für ihr Kind gesorgt
und ihm den Weg zum himmlischen Vater gezeigt.
Sie kann uns Vorbild sein für unseren Glauben.
Darum wollen wir über ihr Leben nachdenken,
um von ihr zu lernen.
Sie soll uns zu dir führen,
zu ihrem und unserem Gott,
damit wir wie sie zum Ziel unseres Lebens gelangen,
zu der ewigen Seligkeit,
die du uns schenken willst.

Lied

Ave Maria, gratia plena (GL 580,1–3)

B **1. Besinnung**

Die Evangelien nach Matthäus und Lukas erzählen uns von der Geburt und Kindheit Jesu. Die erste fürsorgliche Maßnahme Marias ist, ihr Kind in Windeln zu wickeln und in eine Krippe zu legen, weil in der örtlichen Herberge kein Platz für sie ist (vgl. Lk 2,7). Maria und Josef beachten, was nach dem religiösen Gesetz der Juden zu tun ist. Nach acht Tagen wird der Sohn beschnitten und erhält nach der Weisung des Engels den Namen Jesus (vgl. Lk 1,31).

Stille

Heute wie damals leben junge Eltern ganz für ihre Kinder. Sie werden weitgehend zum zentralen Lebensinhalt der Eltern. Ihnen gehört alle Pflege und Fürsorge. Sie werden beschützt und gefördert. Die Eltern freuen sich über jeden Entwicklungsfortschritt ihrer Kinder. Sie spielen, sprechen und lernen mit ihnen. Sie mahnen und tadeln sie, wenn es nötig erscheint. Sie erzählen ihnen von Gott und beten mit ihnen. Sie wünschen sich für ihre Kinder das Allerbeste.

C **Lied**

Maria, Mutter unsres Herrn (GL 577,1–2)

D **Gebet**

Unser Vater, Gott,
wir danken dir für die Kinder, die uns geschenkt sind.
Und wir bitten dich, dass sie in der Obhut ihrer Eltern
in Freude und Liebe aufwachsen dürfen,
dass sie auch dich lieben und auf dich hören lernen
und zu Menschen reifen, die sich vor dir bewähren.

E **2. Besinnung**

Schließlich wird das Kind wie jede männliche Erstgeburt dem Herrn geweiht. Simeon und Hanna sprechen prophetische Worte über die Bedeutung des Knaben. Dann wächst er in Nazaret im Haus des Josef auf, geborgen in der Liebe und Sorge der Eltern. Weiter wissen wir nichts über seine Kindheit bis zur Wallfahrt im Alter von zwölf Jahren.

Stille

Doch nicht alle Eltern haben das Glück, gesunde Kinder zu haben. Kinder können geistig, körperlich und psychisch behindert sein. Das löst Traurigkeit bei den Eltern aus und die meist unbeantwortete Frage: Warum gerade unser Kind? Dann brauchen die Eltern fachkundigen Rat und Hilfe. Aber auch diese Kinder sind geborgen in der Liebe ihrer Eltern. Und sie brauchen nichts mehr als diese Liebe.

F **Lied**

Wer unterm Schutz des Höchsten wohnt (GL 291 *oder* Wer nur den lieben Gott lässt walten (GL 295/296)

G **Fürbitten und Bitten**

Unser Vater im Himmel, wir bitten dich:

- Schenke allen Eltern Freude mit ihren Kindern.
- Gib den Eltern Wachsamkeit, damit sie erkennen, wann und wie sie ihren Kindern helfen müssen.
- Hilf den Eltern auch zu verstehen, dass ihre Kinder selbständig werden und nicht immer kontrolliert werden wollen.
- Steh jenen Eltern bei, die durch ein behindertes Kind besonders belastet sind.

Vater unser …

oder

Bittrufe

Maria, wir rufen zu dir:

A Bitt Gott für sie, Maria.

- Eltern vernachlässigen ihre eigenen Kinder.
- Eltern prügeln ihre Kinder.
- Eltern fühlen sich in der Erziehung überfordert.
- Menschen empfinden Nachbarskinder als Lärmbelästigung.

H **Wechselgebet**

Grüssauer Marienrufe (Anhang S. 77)

I **Segen**

J **Lied**

Maria, breit den Mantel aus (GL 595,1–4)

7

Mutter Gottes

Lk 1,32a; Lk 1,43

A **Eröffnungsgebet**

Herr Jesus Christus, du unser Freund und Bruder,
heute wollen wir Maria, deine Mutter, ehren.
Wenn sie dein Handeln nicht immer gleich verstehen konnte,
hat sie es in ihrem Herzen bewahrt und bedacht.
Sie kann uns Vorbild sein für unseren Glauben.
Darum wollen wir über ihr Leben nachdenken,
um von ihr zu lernen.
Sie soll uns zu dir führen,
zu ihrem und unserem Gott,
damit wir wie sie zum Ziel unseres Lebens gelangen,
zu der ewigen Seligkeit, die du uns schenken willst.

Lied

Ave Maria (GL 580,1–4)

B **1. Besinnung**

Unsere besondere Verehrung gilt Maria deswegen, weil sie Mutter Gottes ist. Das klingt ein wenig verdreht, denn wenn Gott ewig ist, kann er keine Mutter haben. Gemeint ist, dass ihr menschlicher Sohn Jesus von Ewigkeit her Gott ist. Das drückt schon der Engel bei der Verkündigung aus, wenn er zu Maria über ihr Kind sagt: „Er wird groß sein und Sohn des Höchsten genannt werden“ (Lk 1,32a). In der Redeweise der Juden konnte nur Gott als der Höchste bezeichnet werden. Ähnlich später, als Maria zu Elisabet kommt und diese zu ihr sagt: „Wer bin ich, dass die Mutter meines Herrn zu mir kommt“ (Lk 1,43)?

Der Ausdruck „Herr“ war bei den Juden ein Synonym für das Wort „Gott“. Vom Anfang seines Evangeliums an legt Lukas Wert darauf, dass Jesus, der Sohn Marias, Gottes Sohn ist.

Stille

Für Maria ist das schwer zu begreifen. Nicht nur, dass sie einwendet, keinen Mann zu dem Kind zu erkennen (vgl. Lk 1,34). Als sie nach der Geburt Jesu hört, was die Hirten über die Verkündigung des Engels erzählen, ist ihre Reaktion, dass sie alles, was geschehen war, in ihrem Herzen bewahrt und darüber nachdenkt. Es ist eben unfassbar. Und selbst zwölf Jahre später, als der wieder gefundene Sohn im Tempel Gott seinen Vater nennt (vgl. Lk 2,49), reagiert sie ebenso: „Seine Mutter bewahrte alles, was geschehen war, in ihrem Herzen“ (Lk 2,51b).

C **Lied**

Maria, Mutter unsres Herrn (GL 577,1–3)

D **Gebet**

Unser Vater, Gott,
weil du Gott bist, bist du völlig frei,
nicht gebunden an die Gesetze,
die du selbst der Natur gegeben hast.
So konntest du in Maria eine Neuschöpfung setzen,
um selbst als Mensch zu uns zu kommen.
Wir danken dir für dieses Geschenk.

E **2. Besinnung**

Gott ist Mensch geworden, um als Mensch unter den Menschen zu leben und sie zu Gott zu führen, um dem Ebenbild Gottes die ursprüngliche Einheit mit dem Urbild Gott wieder zu schenken. Dazu musste er sich eine menschliche Mutter erwählen. Er hat sich dafür Maria anvertraut – im wahrsten Sinn „anvertraut“. Er wusste, dass er dieser Frau

NEUERSCHEINUNGEN
zur pastoralen Praxis

Messlektionar
Fasten- & Osterzeit
Geschenkbände
Kinder & Familie

VERLAG FRIEDRICH PUSTET

Neuausgabe – Messlektionar

Die Feier der Heiligen Messe – Lektionar

Band I: Die Sonntage und Festtage im Lesejahr A

Neuausgabe

592 S., durchg. zweifarbig,
Farbschnitt, Leineneinband
mit drei Lesebändchen
ISBN 978-3-7917-4000-3
€ (D) 68,– / € (A) 70,–

Seit dem 1. Advent 2018 wird der Text der revidierten Einheitsübersetzung der Bibel in den liturgischen Büchern verwendet. Der zweite überarbeitete Band ist das Lektionar für das Lesejahr A der Sonn- und Feiertagslesungen, das hier in einer neuen Ausgabe vorgelegt wird.

»Durch das Hören des Wortes Gottes baut sich die Kirche auf und wächst.«
Pastorale Einführung in das Messlektionar, 7

Herausgegeben von der Deutschen Bischofskonferenz, der Österreichischen Bischofskonferenz, der Schweizer Bischofskonferenz sowie den (Erz-)Bischöfen von Luxemburg, Bozen-Brixen und Lüttich

Geschenkband

576 S., durchg. farbig bebildert
Hardcover mit Lesebändchen
ISBN 978-3-7917-2829-2
€ (D) 35,– / € (A) 36,–

WOLFGANG VOGL

Meisterwerke der christlichen Kunst

zu den Schriftlesungen der Sonntage und Hochfeste

Lesejahr A

»(…) eine einzigartige Lektüre, um sich schnell und kompetent auf das Hören des Wortes Gottes einzustimmen und für dessen Auslegung in der Verkündigung inspirieren zu lassen.«
EULENFISCH

Sakramente

MARKUS GRAULICH / RALPH WEIMANN

Taufvorbereitung und Taufgespräch

Ein Leitfaden für Eltern und Seelsorger

Die Autoren eröffnen einen Zugang zum Beginn des christlichen Lebens – verständlich und fundiert. Dieses Buch bietet eine wertvolle Hilfe für Eltern, erwachsene Taufbewerber und Seelsorger.

96 S., kart., ISBN 978-3-7917-3052-3
€ (D) 9,95 / € (A) 10,30 / **auch als eBook**

STEFAN SCHOLZ

Liebes-Wort

Gebete, Fürbitten und Ansprachen zur Trauung

Mit spirituellem Tiefgang und in moderner Sprache wird Stefan Scholz der Liebesgeschichte von Brautpaaren gerecht. Die inspirierenden Modelle bieten jeweils Einführung, Gebet, Lesungsvorschlag, Predigt, Fürbitten und Schlussgebet.

120 S., 1 Abb., kart., ISBN 978-3-7917-2951-0
€ (D) 14,95 / € (A) 15,40 / **auch als eBook**

MARCUS LAUTENBACHER

Wirke in uns, Heiliger Geist

Firmvorbereitung kompakt

Ein intensiver Vorbereitungsweg, der Gruppenarbeit, praktische Firmprojekte, Gottesdienste und Denkimpulse per SMS integriert.

160 S., kart., ISBN 978-3-7917-2731-8
€ (D) 16,95 / € (A) 17,50 / **auch als eBook**

Für den Pfarrgemeinderat

HANNS SAUTER

Handeln, weil Gott uns sendet

Gebete und Gottesdienste für Pfarrgemeinderat und kirchliche Gremien

Hanns Sauter liefert spirituelle Begleitung für Pfarrgemeinderäte. Ausgearbeitete Gottesdienstmodelle zeigen, wie die Funktion und die Arbeit der Pfarrgemeinderäte im Gottesdienst sichtbar werden können. Eine Fülle von Gebeten für alle Sach- und Fachausschüsse, andere kirchliche Gremien sowie für konkrete Anlässe rahmt die praktische Arbeit.

104 S., kart., ISBN 978-3-7917-3056-1
€ (D) 12,95 / € (A) 13,40 / **auch als eBook**

Bestellcoupon

Prospekt »Pastorale Praxis« | Stand: Dezember 2019 | Irrtum und Änderungen vorbehalten | Titelmotiv: ©pixabay/msandersmusic | Gestaltung: martinveicht.de

Meine Buchhandlung

Expl.	Titel	Preis (zzgl. Porto)

Erfahren Sie über unseren Newsletter regelmäßig Aktuelles aus dem Verlag Friedrich Pustet!

☐ **Ja, bitte senden Sie Ihren Newsletter an folgende Mail-Adresse:**

E-Mail

Name, Vorname

Straße

PLZ, Ort

Datum, Unterschrift

VERLAG FRIEDRICH PUSTET

Verlag Friedrich Pustet
D-93008 Regensburg
verlag-pustet.de

Telefon 0941/92022-0
Telefax 0941/92022-330
bestellung@pustet.de

HANNS SAUTER

Kreuz, auf das ich schaue

Kreuzwegandachten, Gottesdienste und Betrachtungen zur Passion Jesu

Hanns Sauter bietet Kreuzwegandachten und andere Feierformen, u. a. Buß-,Passions-, Ölbergandacht, Eucharistische Anbetung. Alle Feiern können auch von Laien geleitet werden.

144 S., 1 Abb., kart.
ISBN 978-3-7917-2869-8
€ (D) 16,95 / € (A) 17,50
auch als eBook

Kreuzwege

Die Liebe in die Welt tragen

Ein Kreuzweg für Kinder
Mit Texten von Manfred Hanglberger

Ein Kreuzweg für Kinder der 3. bis 5. Klasse, der sie aktiv einbezieht.

32 S., geheftet, ISBN 978-3-7917-2769-1
€ (D) 4,95 / € (A) 5,10
ab 20 Exemplaren: € (D) 4,50 / € (A) 4,70
ab 50 Exemplaren: € (D) 4,20 / € (A) 4,30

WERNER EIZINGER

Gespräche zwischen Jesus und der Schlange

Ein Kreuzweg

32 S., geheftet, ISBN 978-3-7917-2089-0
€ (D) 2,95 / € (A) 3,10
Mengenstaffel:
ab 25 Ex. € (D) 2,50 / € (A) 2,60

WERNER EIZINGER

Der alte Adam und der neue Adam

Ein Kreuzweg

32 S., geheftet, ISBN 978-3-7917-1881-1
€ (D) 3,95 / € (A) 4,10
Mengenstaffel:
ab 20 Ex. € (D) 3,50 / € (A) 3,60
ab 50 Ex. € (D) 3,30 / € (A) 3,40

AKTUALISIERTE NEUAUSGABE

CHRISTOPH DOHMEN / THOMAS HIEKE

Das Buch der Bücher

Die Bibel – Eine Einführung

Die Bibel verstehen: diese Einführung liefert einen Überblick zu den Inhalten des Alten und des Neuen Testaments und zur Entstehung der biblischen Bücher. Die grundlegende Neubearbeitung des Bestsellers bezieht sich auf die Texte der neuen Einheitsübersetzung.

216 S., kart.
ISBN 978-3-7917-3114-8
€ (D) 16,95 / € (A) 17,50
auch als eBook

ZUM MISSBRAUCHSSKANDAL IN DER KATHOLISCHEN KIRCHE

NEU

MATTHIAS REMENYI / THOMAS SCHÄRTL (HG.)

Nicht ausweichen

Theologie angesichts der Missbrauchskrise

Der Band betrachtet, was die Ergebnisse der MHG-Studie und die daraus resultierenden Handlungsempfehlungen des Forschungskonsortiums für die katholische Theologie bedeuten. Welche inhaltlichen und strukturellen Konsequenzen sind zu ziehen? Auch Statements von Betroffenen sind enthalten.

276 S., kart., ISBN 978-3-7917-3112-4
€ (D) 24,95 / € (A) 25,70
auch als eBook

THEOLOGISCH-PRAKTISCHE QUARTALSCHRIFT 1/2020

Leid

Leid ist und bleibt eine Grunderfahrung menschlicher Existenz. Der heute immer öfter begegnende Begriff des ›Traumas‹ führt vor Augen, wie tiefgreifend und umfassend selbiges menschliches Leben prägen kann. Das aktuelle Heft 1/20 widmet sich diesem stets präsenten Thema.

112 S., kart., ISBN 978-3-7917-3160-5
Einzelheft: € (D) 11,– / € (A) 11,–
Jahresabo: € (D) 38,– / € (A) 38,–
auch als eBook

NEU

thpq.at

Alle Bücher, eBooks sowie Informationen zu Programm und Autoren finden Sie auch auf unserer Homepage

verlag-pustet.de

alles Vertrauen schenken konnte, das nötig war. Denn Kinder brauchen Menschen, denen sie sich anvertrauen können, weil sie ihnen vertrauen können.

Stille

Auch heutigen Vätern und Müttern sind Kinder anvertraut. Jedes Kind, das uns anvertraut ist, soll durch die Eltern so zu leben lernen, dass es Gott erkennt und als sein Ebenbild zu ihm hin reifen kann.

F Lied

Maria, dich lieben (GL 594,1–3)

G Fürbitten und Bitten

Unser Vater im Himmel, wir bitten dich:

- Gib uns jederzeit die Bereitschaft, so zu leben, wie es für Söhne und Töchter Gottes richtig ist.
- Führe jene, die nicht nach dem Bild leben, das du von uns Menschen hast, zu dir.
- Verankere in uns das Bewusstsein dafür, dass wir unsere Kinder zu dir führen sollen.
- Schenke allen Kindern eine Erziehung, durch die sie dich erkennen und sich dir anvertrauen.

Vater unser …

oder

Bittrufe

Maria, wir rufen zu dir:

A Bitt Gott für uns, Maria.

- Um die Bereitschaft, so zu leben, wie es für Söhne und Töchter Gottes richtig ist.
- Dass jene, die nicht nach dem Bild leben, das Gott von uns Menschen hat, sich bekehren.
- Um das Bewusstsein dafür, dass wir unsere Kinder zu Gott führen sollen.

- Für alle Kinder, um eine Erziehung, durch die sie Gott erkennen und sich ihm anvertrauen.

H Wechselgebet

Magnifikat (GL 689/690) *oder*
Magnifikatlied (GL 261 / Anhang S. 74)

I Segen

J Lied

Segne du Maria, 1–2 (Anhang S. 79) *oder*
Maria, breit den Mantel aus (GL 595)

8

Eltern in Sorge

Lk 2,41–52

A **Eröffnungsgebet**

Herr Jesus Christus, du unser Freund und Bruder,
heute wollen wir Maria, deine Mutter, ehren.
Sie hat Sorgen und Angst um ihr Kind erlebt,
aber sie hat dem himmlischen Vater und ihrem Kind vertraut.
Sie kann uns Vorbild sein für unseren Glauben.
Darum wollen wir über ihr Leben nachdenken,
um von ihr zu lernen.
Sie soll uns zu dir führen,
zu ihrem und unserem Gott,
damit wir wie sie zum Ziel unseres Lebens gelangen,
zu der ewigen Seligkeit, die du uns schenken willst.

Lied

Gruß dir, Mutter (GL 586,1–2)

B **1. Besinnung**

Nach der Wallfahrt haben sich Maria und Josef mit den anderen Pilgern aus Nazaret auf den Heimweg gemacht. Man wandert in Gruppen, die Kinder am liebsten unter sich. Am Abend kommen dann die Familien wieder zusammen. Aber der 12-jährige Jesus ist nirgendwo zu finden. Schrecken durchfährt Maria und Josef. Wo ist er? Wo kann er sein? Ist ihm etwas zugestoßen? Auch die anderen Kinder können keine Auskunft geben. Nun bleibt nur eines: zurück nach Jerusalem. Vielleicht finden sie unterwegs oder in der Stadt eine Spur von ihm.

Stille

Was Maria und Josef hier erleben, ist vielen Müttern und Vätern auch heute bekannt. Wo bleibt der Bub oder das Mädchen? Das Kind sollte doch längst zu Hause sein. Ist ihm etwas zugestoßen? Anruf bei Freunden, ob die etwas wissen. Und dann noch die Frage: Ist das Kind auch auf einem guten Weg?
Alle Eltern kennen Sorgen um ihre Kinder, kleine und große Sorgen. Sorgen können zermürben, machen Angst, manchmal auch hilflos.

C **Lied**
Maria, Mutter unsres Herrn (GL 577,1–2)

D **Gebet**
Unser Vater, Gott,
du kennst die Sorgen der Eltern um ihre Kinder.
Mit dem Alter der Kinder wachsen die Sorgen.
Im Nachhinein stellt sich freilich oft heraus,
dass manche Sorgen unnötig waren.
Gib den Eltern jenes Vertrauen,
das die Kinder brauchen, um sich gut zu entwickeln.

E **2. Besinnung**
Am nächsten Tag finden Maria und Josef den Knaben. Er ist im Tempel, mitten unter den Schriftgelehrten und diskutiert mit ihnen. Es kommt, was nicht ausbleiben kann, wenn die Sorge von den Eltern abfällt: Vorwürfe. „Kind, wie konntest du uns das antun? Dein Vater und ich haben dich voll Angst gesucht.“ Doch der 12-Jährige hat kein Verständnis für die Sorgen der Eltern. Hätte ihnen nicht klar sein müssen, was für ihn selbstverständlich ist: bei seinem Vater, bei Gott zu sein?

Stille

Auch heute erweisen sich viele Sorgen der Eltern im Nachhinein als unnötig. Ein Kind denkt nicht wie Erwachsene. Es freut sich des Lebens und ist gern mit Freunden zusammen. Da schaut man nicht auf die Uhr. Da überlegt man nicht, was die Eltern jetzt denken, wenn man nicht gleich nach Hause kommt. Ein Kind lebt in seiner eigenen Welt, der Welt des Spiels, der Kameradschaft. Es will die Welt kennen lernen und für sich erobern.

F **Lied**

Gruß dir, Mutter (GL 586,3–4)

G **Fürbitten und Bitten**

Unser Vater im Himmel, wir bitten dich:

- Gib den Eltern Verständnis für die Denkweise von Kindern.
- Bewahre die Eltern vor unnötigen zermürbenden Sorgen.
- Stärke das Vertrauen zwischen Eltern und Kindern.
- Lass auch die Kinder ihre Verantwortung für die Familie verstehen.

Vater unser …

oder

Bittrufe

Maria, wir rufen zu dir:

A Bitt Gott für sie, Maria.

- Eltern haben kein Verständnis für die Denkweise von Kindern.
- Eltern machen sich oft unnötige Sorgen um ihre Kinder.
- Eltern schenken ihren Kindern manchmal wenig Vertrauen.
- Eltern wollen ihre Kinder nicht loslassen.

H Wechselgebet
Mariengruß (Anhang S. 72/73)

I Segen

J Lied
Alle Tage sing und sage (GL 589,1–4)

9

Die Fürsprecherin

Joh 2,1–12

A **Eröffnungsgebet**

Herr Jesus Christus, du unser Freund und Bruder,
heute wollen wir Maria, deine Mutter, ehren.
Sie hat die Nöte der Menschen erkannt
und sich für sie eingesetzt.
Sie kann uns Vorbild sein für unseren Glauben.
Darum wollen wir über ihr Leben nachdenken,
um von ihr zu lernen.
Sie soll uns zu dir führen,
zu ihrem und unserem Gott,
damit wir wie sie zum Ziel unseres Lebens gelangen,
zu der ewigen Seligkeit, die du uns schenken willst.

Lied

Sag an, wer ist doch diese (GL 588,1–3)

B **1. Besinnung**

Maria, Jesus und seine Jünger sind zu einer Hochzeit eingeladen. Aber der Bräutigam hatte die Trinkfreude seiner Gäste unterschätzt. Mitten im Feiern geht der Wein aus. Welch eine Schande! Maria erkennt die Situation, weiß, mit welcher Häme die Leute über das Brautpaar herfallen werden, wie sie nach Jahren noch darüber spotten werden – die Leute waren damals nicht anders, als viele heute sind. Maria will dem Brautpaar helfen. Doch was soll sie tun? Sie geht zu Jesus und bittet ihn, einzugreifen und zu helfen. Sie sagt zu ihm: „Sie haben keinen Wein mehr."

Stille

Schon am Anfang des Johannesevangeliums wird uns Maria als eine Frau vorgestellt, die an den Sorgen der Menschen Anteil nimmt. Darum will sie helfen. Sie kann helfen durch ihren Sohn. Darum wenden auch wir uns immer wieder bittend an Maria, dass sie auch für uns und unsere Nöte Fürsprache einlegt bei Christus.

C **Lied**

Maria, du wirst groß genannt, 1–2 (Anhang S. 79) *oder*
Maria, breit den Mantel aus (GL 595,1–2)

D **Gebet**

Unser Vater, Gott,
die Mutter deines Sohnes hat sich in Kana fürsprechend an Jesus gewandt und hat nicht vergebens gebeten.
Erhöre auch unsere Bitten,
wenn wir uns mit unseren Sorgen und Nöten
der Mutter deines Sohnes anvertrauen.

E **2. Besinnung**

Maria ist sich so sicher, dass ihre Fürsprache nicht vergeblich ist, dass sie zu den Dienern sagt: „Was er euch sagt, das tut!" Und tatsächlich: Jesus lässt die Krüge mit Wasser füllen und schenkt ihnen 600 Liter besten Weines. Die Feier kann weitergehen, der gute Ruf des Brautpaars ist gerettet. Maria hat nicht vergebens gebeten, ihr Vertrauen auf Jesus wurde bestätigt.

Stille

Wenn wir Maria unsere Anliegen vortragen, dürfen wir darauf vertrauen, dass wir nicht im Stich gelassen werden. Sie bringt unsere Bitten zu Christus, von dem wir wissen, dass er schon in seinem Erdenleben ein mitfühlendes Herz hatte für die Sorgen und Nöte der Menschen: der Kranken, der Behinderten, der Sünder, der Trauernden und der Toten. Bei ihm sind unsere Bitten in besten Händen.

F **Lied**

Maria, du wirst groß genannt, 3–5 (Anhang S. 79) *oder*
Maria, breit den Mantel aus (GL 595,3–4)

G **Fürbitten und Bitten**

Unser Vater im Himmel, wir bitten dich:

- Sende allen, die in Not sind, helfende Menschen.
- Bewahre jene, die dem Spott anderer ausgesetzt sind, vor Rache.
- Ermutige uns, jenen zu widersprechen, die über andere tratschen.
- Festige unser Vertrauen auf dich.

Vater unser …

oder

Bittrufe

Maria, wir rufen zu dir:

A Bitt Gott für sie, Maria.

- Menschen sind in Not und können sich selbst nicht helfen.
- Menschen sind dem Spott anderer ausgesetzt.
- Menschen werden Opfer von bösem Getratsche.
- Menschen haben das Vertrauen auf Gott verloren.

H **Wechselgebet**

Marienlitanei (Anhang S. 70/71)

I **Segen**

J **Lied**

O Maria, sei gegrüßt (GL 582,1–3)

10

Sorge um den Weg des Sohnes

Mk 6,1–6; Mk 3,20–21; Mk 3,31–35

A **Eröffnungsgebet**

Herr Jesus Christus, du unser Freund und Bruder,
heute wollen wir Maria, deine Mutter, ehren.
Sie hat dich, ihren Sohn, manchmal nicht verstanden,
ist aber nicht an dir irre geworden.
Sie kann uns Vorbild sein für unseren Glauben.
Darum wollen wir über ihr Leben nachdenken,
um von ihr zu lernen.
Sie soll uns zu dir führen,
zu ihrem und unserem Gott,
damit wir wie sie zum Ziel unseres Lebens gelangen,
zu der ewigen Seligkeit, die du uns schenken willst.

Lied

Maria, dich lieben (GL 594,1–2)

B **1. Besinnung**

Als Jesus in seine Heimatstadt Nazaret kommt, um auch dort zu lehren, trifft er auf Ablehnung: „Wir kennen doch seine Verwandten, sie leben ja mitten unter uns und sind ganz einfache Leute. Und er selbst ist doch unter uns aufgewachsen. Da hilft alle Weisheit nichts, die man aus seinen Worten erkennt. Er ist auch nur einer von uns und soll nicht so tun, als wäre er etwas Besonderes." Das Lukasevangelium erzählt uns sogar, dass man ihn aus der Stadt getrieben hat, um ihn einen Abhang des Berges hinabzustürzen. – Maria muss erleben, wie ihr Sohn in seiner Heimat abgelehnt, sogar mit Hass bedacht wird. Das tut weh.

Stille

Väter und Mütter müssen heute erleben, wie einem ihrer Kinder Unrecht getan wird. Sie erfahren von Verspottung und Mobbing. Kluge Eltern bauen ihr Kind dann auf, machen ihm Mut, sich zu wehren. Doch manchmal hilft das nichts. Sie sprechen bei Lehrern und Schulleitern vor und hoffen auf deren pädagogisches Wirken. Nicht immer finden sie dabei Gehör und Verständnis oder es fehlt an pädagogischer Kompetenz. Solche Erfahrung tut Eltern weh.

C **Lied**
Maria, dich lieben (GL 594,3–4)

D **Gebet**
Unser Vater, Gott,
wir danken dir für deine Liebe
und alle Freude, die Eltern mit ihren Kindern erleben.
Doch manche Eltern machen die Erfahrung,
dass ihren Kindern unrecht getan wird
und sie sich nicht wehren können.
Wir bitten dich:
Nimm dich ihrer an,
dass sie Menschen finden, die ihnen helfen.

E **2. Besinnung**
Die Lehre und das Wirken Jesu stießen bei Pharisäern und Schriftgelehrten auf Ablehnung. Er spricht und handelt zwar großartig, so dass ihm das Volk zuläuft, aber er wagt es, manche Sitten und das Denken der religiösen Obrigkeit in Frage zu stellen. Das spricht sich bis nach Nazaret herum. Seine Angehörigen beginnen an seinem Verstand zu zweifeln. (Vielleicht hat er nicht alle Tassen im Schrank?) Also „machen sie sich auf den Weg, um ihn mit Gewalt nach Hause zu holen; denn sie sagten: Er ist von Sinnen“ (vgl. Mk 3,20–21).

Man meldet ihm, seine Mutter und seine Verwandten stünden vor dem Haus und fragten nach ihm. Doch er denkt nicht in den Kategorien der Bluts-, sondern der Geistesverwandtschaft, blickt auf die, die im Kreis um ihn herumsitzen, um ihn zu hören, und sagt: „Das hier sind meine Muter und meine Brüder. Wer den Willen Gottes erfüllt, ist für mich Bruder und Schwester und Mutter" (Mk 3,31–35).
Seine Verwandten sind in Sorge, das Ansehen der Familie könnte Schaden leiden, wenn er so weiter macht. Die ganze Sippe könnte ins Gerede kommen. Wer weiß, vielleicht ist er wirklich verrückt. – Wir können uns vorstellen, was das für das Gefühlsleben Marias bedeuten musste.

Stille

Das Ansehen der Familie! Darauf achten auch heute viele. Wenn aber ein Kind seinen eigenen Weg geht? Dann kann schnell das Gerede losgehen in der Nachbarschaft oder am Arbeitsplatz. Egal, ob das Kind einen guten oder weniger guten Weg eingeschlagen hat, es wird geredet, nur weil es anders denkt oder ist. Und je schlechter ein Mensch ist, desto schneller redet er über andere schlecht. – Wie verhalten wir als Vater oder Mutter uns dann? Stehen wir zu unserem Kind, auch wenn wir anderer Meinung sind, auch wenn wir anders denken als das Kind? Maria hat zu ihrem Sohn gehalten. Sie hat ihn nicht verlassen. Auch unter dem Kreuz stand sie noch bei ihm.

F **Lied**
Christi Mutter stand mit Schmerzen (GL 584,1)

G Fürbitten und Bitten

Unser Vater im Himmel, wir bitten dich:

- Um Mut für alle Eltern, die in Sorge sind wegen des Weges, den eines ihrer Kinder eingeschlagen hat.
- Um Kraft für alle, die unter den bösen Zungen anderer Menschen leiden.
- Um gegenseitiges Verständnis für Eltern und Kinder, wenn sie nicht einer Meinung sind.
- Um die Bereitschaft, familiäre Konflikte in wohlmeinender Liebe auszutragen.

Vater unser …

oder

Bittrufe

Maria, wir rufen zu dir:

A Bitt Gott für sie, Maria.

- Eltern sind in Sorge wegen des Weges, das eines ihrer Kinder eingeschlagen hat.
- Eltern leiden immer wieder unter den bösen Zungen anderer.
- Eltern und Kinder haben manchmal kein Verständnis für das Denken des anderen.
- Eltern und Kinder finden manchmal keinen Weg, Konflikte in Liebe auszutragen.

H Wechselgebet

Magnifikat (GL 689/690) *oder*
Magnifikatlied (GL 261 / Anhang S. 74)

I Segen

J Lied

Maria, dich lieben (GL 594,5–6)

11

Das Schwert in der Seele der Mutter

Lk 2,34–35

A **Eröffnungsgebet**

Herr Jesus Christus, du unser Freund und Bruder,
heute wollen wir Maria, deine Mutter, ehren.
Sie musste dein Leiden miterleben und hat Todesängste um dich ausgestanden.
Sie kann uns Vorbild sein für unseren Glauben.
Darum wollen wir über ihr Leben nachdenken,
um von ihr zu lernen.
Sie soll uns zu dir führen,
zu ihrem und unserem Gott,
damit wir wie sie zum Ziel unseres Lebens gelangen,
zu der ewigen Seligkeit, die du uns schenken willst.

Lied

Meerstern, ich dich grüße (GL-Diözesananhänge)

B **1. Besinnung**

Die Evangelien berichten uns nichts von der Anwesenheit Marias beim Kreuzweg Jesu. Nur legendäre Überlieferung hat die Station eingefügt: „Jesus begegnet seiner Mutter." Aber da sie es gewohnt war, wie alle frommen Juden zum Paschafest nach Jerusalem zu pilgern, ist es gut denkbar, dass sie auch im Jahr des Todesleidens Jesu dort war. Wir können uns vorstellen, was es für die Mutter bedeuten musste, während ihres Aufenthalts in der heiligen Stadt von der Gefangennahme ihres Sohnes zu hören, von der Anklage gegen ihn und seiner Verurteilung zu erfahren. Hilflos hört sie die aufgehetzte Menge schreien: „Ans Kreuz mit ihm!"

Stille

Denken wir an den Schmerz der Eltern, die heute erleben müssen, wie eines ihrer Kinder gefangen genommen und zu einer Haftstrafe verurteilt wird. Was immer ein Mensch begangen oder verbrochen hat, im Herzen der Eltern bohren Schmerz und Trauer. Und dann noch die quälende Frage: Was haben wir in der Erziehung falsch gemacht? Sie bräuchten jetzt Verständnis, Trost und Ermutigung. Doch was erfahren sie oft? Das Gerede und die Verachtung der Nachbarn.

C Lied

Salve! Maria, Königin (GL 572,1–3)

D Gebet

Unser Vater, Gott, schau auf die Menschen,
die vor Gericht stehen und verurteilt werden.
Nur du kennst ihren Werdegang und die Gründe,
die zu ihrem Tun geführt haben.
Hilf den zu Unrecht Verurteilten zur Rehabilitierung
und den zu Recht Verurteilten zur Umkehr.
Nimm dich auch der Eltern,
Ehepartner und Kinder der Verurteilten an,
stärke sie und bewahre sie
vor der üblen Nachrede der Nachbarn.

E 2. Besinnung

Und wenn Maria dann ihren Sohn auf dem Weg nach Golgota gesehen hat: Blutüberströmt von der Geißelung, sich mit dem Balken auf der Schulter den Berg hinauf quälen, zusammenbrechen und wieder aufstehen … Und schließlich am Kreuz hängend sterben. Welch ein Schmerz, den die Mutter durchleiden muss. Vielleicht erinnert sie sich jetzt an die Worte des Simeon im Tempel, als er, den Jesusknaben im Arm, zur Mutter sagte: „Dir wird ein Schwert durch die Seele dringen“ (Lk 2,35b).

Stille

Wir denken an die Väter und Mütter, die ein Kind verloren haben – durch Krankheit, durch einen Unfall, durch ein Verbrechen, durch Krieg, in manchen Staaten und Religionen auch durch Folterung oder Todesurteil. Ein Kind zu verlieren bedeutet einen Schmerz, der lebenslang nicht ganz überwunden wird.

F **Lied**
Christi Mutter stand mit Schmerzen (GL 584,1–2)

G **Fürbitten und Bitten**
Unser Vater im Himmel, wir bitten dich:
- Zeig dein Erbarmen und steh denen bei, die ihr Kind leiden sehen.
- Zeig dein Erbarmen und tröste alle Eltern, die ein Kind verloren haben.
- Zeig dein Erbarmen und lass alle, die in Trauer sind, neuen Lebensmut finden.
- Zeig dein Erbarmen und stärke unsere Hoffnung auf das ewige Leben für die Verstorbenen.

Vater unser …

oder

Bittrufe
Maria, wir rufen zu dir.
A Bitt Gott für sie, Maria.
- Eltern leiden, weil sie ihr Kind in Not sehen.
- Eltern leiden, weil sie ein Kind verloren haben.
- Eltern zerbrechen an der Trauer um ein Kind.
- Eltern hoffen auf das ewige Leben ihrer Kinder.

H **Wechselgebet**
Grüssauer Marienrufe (Anhang S. 77)

I Segen

J Lied

Maria, du wirst groß genannt, 3–5 (Anhang S. 79) *oder*
Segne du, Maria (Anhang S. 78)

12
Die Beschützte

Joh 19,25–27

A **Eröffnungsgebet**
Herr Jesus Christus, du unser Freund und Bruder,
heute wollen wir Maria, deine Mutter, ehren.
In ihrer Not hast du sie nicht vergessen,
sie konnte sich deiner Hilfe anvertrauen.
Sie kann uns Vorbild sein für unseren Glauben.
Darum wollen wir über ihr Leben nachdenken,
um von ihr zu lernen.
Sie soll uns zu dir führen,
zu ihrem und unserem Gott,
damit wir wie sie zum Ziel unseres Lebens gelangen,
zu der ewigen Seligkeit, die du uns schenken willst.

Lied
Gegrüßet seist du, Maria (Anhang S. 75) *oder*
Wunderschön prächtige (GL-Diözesananhänge)

B **1. Besinnung**
Unmittelbar vor dem Tod Jesu überliefert uns das Johannesevangelium ein knappes, aber wichtiges Geschehen: Jesus sieht unter dem Kreuz seine Mutter und den Apostel Johannes stehen. Da sagt er zu seiner Mutter: „Siehe, dein Sohn!“ Dann sagt er zu dem Jünger: „Siehe, deine Mutter!“ Daraufhin nimmt der Jünger Maria zu sich.

Stille

Warum nennt Jesus Maria nun die Mutter des Johannes und den Jünger ihren Sohn?
Nach damaligem Recht war Jesus als einziger Sohn verantwortlich für seine Mutter. Witwen waren ohne jedes Einkommen. Es gab keine Altersrente noch sonstige Versorgung für Witwen. Der Sohn hatte für die alt gewordenen Eltern zu sorgen. Wenn Jesus nun stirbt, wird seine Mutter rechtlos und ohne jede Versorgung sein. Darum sorgt Jesus für sie. Er kennt die Pflichten der Kinder, die sich aus dem vierten der zehn Gebote ergeben. Maria soll Johannes als ihren Sohn betrachten, Johannes soll für sie sorgen, als wäre sie seine leibliche Mutter.

C Lied

Maria, dich lieben (GL 594,3–4)

D Gebet

Unser Vater, Gott,
Jesus denkt in seinem Todesleiden am Kreuz noch an die Zukunft seiner Mutter
und gibt uns ein Beispiel für unsere eigene Verantwortung den Eltern gegenüber.
Hilf uns, jeweils den besten Weg zu erkennen,
wie wir unseren alternden Eltern beistehen können.

E 2. Besinnung

So kennen wir Jesus. Immer hat er sich um jene Menschen gesorgt, die einen Helfer brauchten, ob es die Kranken waren, die Trauernden, die Sünder oder die aus anderen Gründen aus der Kultgemeinschaft Ausgeschlossenen. Jetzt erweist er sich als der Sohn, der für die Mutter im Alter Vorsorge trifft. Bei Johannes, dem Jüngsten der Apostel, weiß er sie gut aufgehoben.

Stille

Wir denken an die Menschen, die heute (in unserer Gemeinde) alt und auf Hilfe angewiesen sind. Wie gehen wir mit unseren alt, schwach, gebrechlich gewordenen Eltern um? Kümmern wir uns in rechter Weise um sie? Geben wir ihnen zurück, was wir in jungen Jahren von ihnen empfangen haben?

F **Lied**

Hilf, Herr meines Lebens (GL 622,1–5)

G **Fürbitten und Bitten**

Unser Vater im Himmel, wir bitten dich:

- Hilf allen, die im Altern ihre Schwäche erfahren müssen, mit dieser Situation zurecht zu kommen.
- Gib den Erwachsenen die Bereitschaft, sich um ihre alten Eltern zu kümmern.
- Bewahre alle Menschen in unserer Gesellschaft vor dem Gefühl der Einsamkeit und Verlorenheit.
- Lass die alten und gebrechlichen Menschen (in unserer Gemeinde) unser aller Hilfe und Beistand erfahren.

Vater unser …

oder

Bittrufe

Maria, wir rufen zu dir:

A Bitt Gott für sie, Maria.

- Menschen leiden unter der Schwäche und den Gebrechen des Alters.
- Alte Menschen hoffen auf die Unterstützung ihrer Kinder.
- Alte Menschen brauchen Hilfe und Beistand der Gemeinde.
- Alte Menschen haben Angst vor Einsamkeit und Verlorenheit.

H **Wechselgebet**
Marienlitanei (Anhang S. 70/71)

I **Segen**

J **Lied**
O Königin voll Herrlichkeit (GL-Diözesananhänge)

13

Osterfreude

Apg 1,12–14; 2,1–4.32.36

A **Eröffnungsgebet**

Herr Jesus Christus, du unser Freund und Bruder,
heute wollen wir Maria, deine Mutter, ehren.
Voll Freude durfte sie deine Auferstehung erfahren
und mit den Jüngern den Heiligen Geist empfangen.
Sie kann uns Vorbild sein für unseren Glauben.
Darum wollen wir über ihr Leben nachdenken,
um von ihr zu lernen.
Sie soll uns zu dir führen,
zu ihrem und unserem Gott,damit wir wie sie zum Ziel
unseres Lebens gelangen,
zu der ewigen Seligkeit, die du uns schenken willst.

Lied

Freu dich, du Himmelskönigin (GL 576,1–4)

B **1. Besinnung**

Wie ein Lauffeuer spricht es sich unter den Jüngern und Jüngerinnen herum: Das Grab ist leer; ein Engel hat den Frauen gesagt, der Herr sei auferstanden; er ist dem Simon erschienen; Maria von Magdala ist dem Auferstandenen begegnet; er war bei den Jüngern in Emmaus; er ist den Aposteln erschienen. Welch ein Glück musste da Maria, seine Mutter, erfassen. Eben noch war ihr Herz von Schmerz und Trauer erdrückt, jetzt ist es von Jubel und Dankbarkeit erfüllt.

Stille

Wir kennen diesen Umschwung der Gefühle, wenn ein lieber Mensch dem Tod nahe war und wieder genesen ist, wenn wir selbst sterbenskrank waren und wieder gesund wurden. Aber wenn ein geliebter Mensch gestorben ist, dann sind wir voller Trauer. Doch der Herr hat uns versprochen, dass wir mit ihm auferstehen werden, wenn wir mit ihm gelebt haben. Er ist zum Vater gegangen, um dort eine Wohnung für uns vorzubereiten (vgl. Joh 14,2–3). Wenn wir ihm glauben, dürfen wir uns wie Maria freuen, dass unsere Verstorbenen auferstanden sind und nun bei ihm leben.
Und wenn für uns die Stunde des Sterbens kommt? Dann wissen wir, dass sein Versprechen auch für uns gilt, dass wir dort sein werden, wo er ist. Aber – da sind doch unsere Sünden! Müssen wir nicht doch Angst haben vor unserer Zukunft nach dem Sterben? Nein! Denn wir wissen, dass Jesus selbst zu dem Verbrecher, der mit ihm gekreuzigt wurde, gesagt hat: „Heute noch wirst du mit mir im Paradies sein“ (Lk 23,43). Die einzige Voraussetzung dafür war, dass ihn der Verbrecher gebeten hatte, an ihn zu denken. Getrost dürfen wir also dem Sterben entgegensehen, wenn wir das Böse bereuen und den Herrn bitten, dass er uns im Tod nicht vergisst.

C **Lied**

Lasst uns erfreuen (GL 585,1–2)

D **Gebet**

Unser Vater, Gott,
wir danken dir, dass du uns über das irdische Leben hinaus
eine Zukunft bereitet hast.
Und wir danken dir,
dass du so liebend und barmherzig bist,
dass wir zu jeder Zeit auf deine Vergebung hoffen dürfen.
Gib uns in der Stunde unseres Sterbens
die gläubige Zuversicht,
dass du deine Liebe im Tod nicht von uns nimmst.

E **2. Besinnung**

Die Jünger und Jüngerinnen halten sich nun zusammen mit Maria, der Mutter Jesu, Tag für Tag im Obergeschoss eines Hauses in Jerusalem auf. Da geraten sie alle außer sich, denn der Heilige Geist, den ihnen Jesus verheißen hatte, kommt auf sie herab und erfasst sie: der Geist der Liebe, der Wahrheit, der Tapferkeit, der Freiheit. Alle Angst fällt von ihnen ab, sie treten hinaus vor das jüdische Volk, Petrus ergreift das Wort und hält seine erste große Predigt, in der er den gekreuzigten Jesus als den Herrn und Messias bekennt, den Gott von den Toten auferweckt hat.

Stille

Auch wir haben in Taufe und Firmung den Heiligen Geist empfangen: den Geist, der uns in die Wahrheit einführt, wer und wie Gott für uns ist; den Geist, der uns mit seiner Liebe erfüllt, damit wir sie weiterschenken; den Geist, der alle Angst von uns nimmt, damit wir tapferes Bekenntnis für Gott ablegen; den Geist, der uns als Anwalt beisteht, wenn wir des Glaubens wegen angefeindet werden. Sind wir uns dessen bewusst und dafür dankbar? Legen wir Glaubensbekenntnis ab, egal wem wir gegenüberstehen?

F **Lied**

Wohl denen, die da wandeln (GL 614,1–2)

G **Fürbitten und Bitten**

Unser Vater im Himmel, wir bitten dich:

- Öffne unser Herz und unseren Geist für deinen Geist der Liebe, damit wir deine Liebe weiterschenken.
- Öffne unser Herz und unseren Geist für deinen Geist der Tapferkeit, damit wir dich mutig und treu vor den Menschen bekennen.
- Öffne unser Herz und unseren Geist für deinen Geist der Wahrheit, damit wir dich und dein Wort immer besser verstehen.

- Sei mit deinem Geist bei uns, damit wir uns dem Bösen verschließen und jederzeit auf deine Hilfe bauen können.

Vater unser …

oder

Bittrufe

Maria, wir rufen zu dir.

A Bitt Gott für uns, Maria.

- Wir brauchen den Geist der Liebe, damit wir Gottes Liebe weiterschenken können.
- Wir brauchen den Geist der Tapferkeit, damit wir Christus vor den Menschen bekennen.
- Wir brauchen den Geist der Wahrheit, damit wir Christus und sein Wort immer besser verstehen.
- Wir brauchen Gottes Geist, damit wir uns dem Bösen verschließen und stets auf seine Hilfe bauen können.

H Wechselgebet

Mariengruß (Anhang S. 72/73)

I Segen

J Lied

Lasst uns erfreuen (GL 585,3–5)

14

Die Betende

Apg 1,12–14

A **Eröffnungsgebet**

Herr Jesus Christus, du unser Freund und Bruder,
heute wollen wir Maria, deine Mutter, ehren.
Nach deiner Himmelfahrt
war sie mit den Aposteln im Gebet vereint.
Sie kann uns Vorbild sein für unser Leben.
Darum wollen wir über ihr Leben nachdenken,
um von ihr zu lernen.
Sie soll uns zu dir führen,
zu ihrem und unserem Gott,
damit wir wie sie zum Ziel unseres Lebens gelangen,
zu der ewigen Seligkeit, die du uns schenken willst.

Lied

Maria, dich lieben (GL 594,1–3)

B **1. Besinnung**

Die Jünger kehren nach der Himmelfahrt Jesu nach Jerusalem zurück und gehen miteinander in das Obergemach, wo Jesus mit ihnen das letzte Abendmahl gefeiert hatte. Ganz intensiv hatten sie dabei ihre Gemeinschaft mit ihm erfahren. Darum fühlen sie sich dort besonders wohl. Dort möchten sie weiter mit ihm vereint sein. Sie tun es, indem sie beten. Und auch Maria, die Mutter Jesu, die anderen Frauen und seine Brüder sind dabei.
Maria und die anderen suchen und finden im Beten Gemeinschaft mit Christus, aber auch Gemeinschaft untereinander. Das beruhigt, stärkt und ermutigt sie.

Stille

Auch wir brauchen Gemeinschaft. „Es ist nicht gut, dass der Mensch allein sei", heißt es schon in der Schöpfungserzählung (Gen 2,18). Wir können sie finden in der Familie und im Beisammensein mit Freunden. Wir müssen aber auch Gemeinschaft mit Gott, unserem Vater, erfahren, mit seinem Sohn, unserem Herrn und Bruder, und mit seinem Geist.
Das können wir von Maria und den ersten Jüngern lernen. Aber suchen wir auch regelmäßig die Gemeinschaft derer, die miteinander beten und dadurch mit dem Herrn und untereinander eins werden?
Die Gemeinschaft im Gebet wird auch uns beruhigen, stärken und ermutigen.

C **Lied**
Maria, dich lieben (GL 594,4–6)

D **Gebet**
Unser Vater, Gott,
du weißt, wie oft wir verschlungen werden
von den täglichen Aufgaben des Lebens.
Du weißt, dass wir an manchen Tagen
kaum zu uns selber kommen.
Gib uns die Gelassenheit,
Abstand zu nehmen von aller Pflicht,
damit wir zur Ruhe kommen und zu dir finden.
Bei dir können wir neue Kraft und neuen Mut,
Freude und Zuversicht gewinnen.

E **2. Besinnung**
Maria hat nicht nur gebetet, wenn sie in Gemeinschaft mit anderen war. Denken wir an ihren Lobpreis des himmlischen Vaters, als sie zu Elisabet kam: „Meine Seele preist die Größe des Herrn und mein Geist jubelt über Gott, meinen Retter."

Aber auch in der Stille hat sie gebetet. „Sie bewegte alles, was geschehen war, in ihrem Herzen und dachte darüber nach“, lesen wir nach dem Besuch der Hirten und nach dem Erlebnis mit dem 12-jährigen Jesus im Tempel. Das meint nichts anderes, als dass sie die Ereignisse ihres Lebens im Inneren mit Gott besprochen hat.

Stille

Auch das können wir von Maria lernen. Gott dafür zu preisen und zu danken, was er an uns und anderen Gutes tut. Wären wir doch sehr undankbar, würden wir es als selbstverständlich hinnehmen.
Und überlegen wir, ob wir all die Ereignisse in unserem Leben auch vor ihn tragen und vor ihm bedenken.

F **Lied**
Magnifikatlied (Anhang S. 76) *oder*
Den Herren will ich loben (GL 261)

G **Fürbitten und Bitten**
Vater im Himmel, wir bitten dich:

- Ermutige uns, in Familie und Gemeinde Gebetsgemeinschaft zu pflegen.
- Sei bei uns, wenn wir die Ereignisse unseres Lebens vor dich bringen, um sie mit dir zu besprechen.
- Schenke uns täglich Dankbarkeit für alles, was du uns Gutes tust.
- Gib uns Kraft, mit den Widerwärtigkeiten des Lebens gut zurecht zu kommen.

Vater unser …

oder

Bittrufe
Maria, wir rufen zu dir:
A Bitt Gott für sie, Maria.

- Menschen sind einsam und bräuchten Gemeinschaft.
- Menschen verkümmern in ihren Sorgen und finden keine Hilfe.
- Menschen gehen ganz im täglichen Getriebe auf und vergessen Gott.
- Menschen nehmen Gottes Gaben, ohne ihm zu danken.

H Wechselgebet
Marienlitanei (Anhang S. 70/71)

I Segen

J Lied
Singt dem Herrn ein neues Lied (GL 268)

15
In Gottes Herrlichkeit

A **Eröffnungsgebet**

Herr Jesus Christus, du unser Freund und Bruder,
heute wollen wir Maria, deine Mutter, ehren.
Du hast sie aufgenommen in deine Herrlichkeit
und ihr unvergängliches Glück geschenkt.
Sie kann uns Vorbild sein für unseren Glauben.
Darum wollen wir über ihr Leben nachdenken,
um von ihr zu lernen.
Sie soll uns zu dir führen,
zu ihrem und unserem Gott,
damit wir wie sie zum Ziel unseres Lebens gelangen,
zu der ewigen Seligkeit, die du uns schenken willst.

Lied

Gruß dir, Mutter (GL 586,1–2)

B **1. Besinnung**

Am 15. August feiert die katholische Kirche mit einem Hochfest den Glauben, dass Maria „mit Leib und Seele zur himmlischen Herrlichkeit aufgenommen ist“. Mit Leib und Seele heißt: als der ganze Mensch, der sie auf Erden gewesen ist, mit allen für diesen Menschen kennzeichnenden Merkmalen, eben als die Person, die sie schon vorher auf Erden gewesen ist. „Leib“ meint also nicht den irdischen Körper, der selbstverständlich vergänglich ist. Wenn uns Christus in der Eucharistie seinen „Leib“ als Speise reicht, glauben wir ja auch nicht, dass wir da seinen irdischen Körper essen, sondern vielmehr, dass wir ihn selbst, den Auferstandenen, empfangen.

Stille

Maria lebt nun in Gottes Herrlichkeit. Gott hat sie zu sich aufgenommen. Er hat sie mit der Seligkeit beschenkt. Alles Leid, alle Bedrohung des Lebens hat sie hinter sich lassen dürfen, um nun nie endende Freude und Glück zu erleben, um in ewigem Liebesaustausch mit dem Herrn und allen Heiligen zu leben.
Für uns bleibt sie ein Vorbild in ihrem Glauben, ihrem Vertrauen auf Gott, in ihrer Art, Leid und Schmerz tapfer zu tragen. Und sie bleibt uns Menschen weiterhin Fürsprecherin, wie wir sie schon bei der Hochzeit zu Kana kennen gelernt haben.

C **Lied**
Gruß dir, Mutter (GL 586,3–4)

D **Gebet**
Unser Vater, Gott,
die Mutter deines Sohnes
hat uns ein großartiges Beispiel unerschütterlichen Glaubens vorgelebt.
Wir preisen dich dafür,
dass sie nun Anteil haben darf an deiner Herrlichkeit.
Wir bitten dich,
dass du auch uns einmal das Glück seligen Lebens bei dir schenken mögest.

E **2. Besinnung**
In der Aufnahme Marias in Gottes Herrlichkeit sehen wir schon unsere eigene Zukunft voraus. Auch uns hat ja der Herr versprochen, uns mit Leib und Seele aufzunehmen in seine Herrlichkeit. Das bedeutet: Als die Menschen, die wir heute sind, mit all den guten Merkmalen, die für uns als Person kennzeichnend sind, werden wir einmal mit Maria bei unserem Vater im Himmel sein. Darauf dürfen wir uns heute schon freuen. Deshalb wollen wir mit umso

größerem Eifer, solange wir noch als irdische Menschen leben, alle unsere guten Kräfte einsetzen für die Menschen und für Gott.

Stille

Wir wissen und erfahren es täglich, dass wir im irdischen Leben weder körperlich noch moralisch vollendet sind. Wir sind stets auf der Suche nach Glück und nach Ganzsein, vermissen ein tief innerliches Geborgensein und erleben unsere Halbheit und Unfertigkeit. Mancher wird ganz unvorbereitet aus dem Leben gerissen, andere kommen mit ihrem Leben nicht mehr zurecht. Doch wir dürfen hoffen und auf Gott vertrauen, dass er jeden von uns in seine Herrlichkeit aufnehmen und vollenden wird, wie bruchstückhaft sein Leben und Streben auf Erden auch war.

F **Lied**
Eine große Stadt ersteht (GL 642,1–3)

G **Fürbitten und Bitten**
Unser Vater im Himmel, wir bitten dich:

- Schenke unseren Verstorbenen Anteil an deiner Seligkeit.
- Schenke auch jenen, die dich auf Erden nicht erkannt haben, Leben in deiner Herrlichkeit.
- Schenke allen Sterbenden die Gnade der Bekehrung.
- Schenke uns selbst einmal das Glück, ewig mit dir vereint zu leben.

Vater unser …

oder

Bittrufe

Maria, wir rufen zu dir:

A Bitt Gott für uns, Maria.

- Wir bitten für unsere Verstorbenen um Anteil an der Seligkeit des Himmels.
- Wir bitten für jene, die Christus auf Erden nicht erkannt haben, um das Leben in Gottes Herrlichkeit.
- Wir bitten für alle Sterbenden um die Gnade der Bekehrung.
- Wir bitten für uns selbst, einmal ewig mit Christus vereint zu sein.

H Wechselgebet

Magnifikat (GL 689/690) *oder*
Magnifikatlied (GL 261 / Anhang S. 74)

I Segen

J Lied

Nun, Brüder, sind wir frohgemut, 1.4 (GL-Diözesananhänge)

16

Die Bewahrte und die Befreiten

A **Eröffnungsgebet**

Herr Jesus Christus, du unser Freund und Bruder,
heute wollen wir Maria, deine Mutter, ehren.
Sie wurde von Anfang an von der Erbsünde bewahrt
und mit einem Leben ganz für Gott beschenkt.
Sie kann uns Vorbild sein für unseren Glauben.
Darum wollen wir über ihr Leben nachdenken,
um von ihr zu lernen.
Sie soll uns zu dir führen,
zu ihrem und unserem Gott,
damit wir wie sie zum Ziel unseres Lebens gelangen,
zu der ewigen Seligkeit, die du uns schenken willst.

Lied

Ave, Maria klare (GL 581,1–2)

B **1. Besinnung**

Am 8. Dezember feiert die katholische Kirche das Hochfest der ohne Erbsünde empfangenen Jungfrau und Gottesmutter Maria. Seit sie im Leib ihrer Mutter empfangen wurde, hat Gott Maria von der Erbsünde bewahrt. Die ganze Menschheit lebt von Anfang an in einem Schuldzusammenhang, in den jeder Einzelne hineingeboren wird, in dem er aufwächst, unter dem er leidet und von dessen Auswirkungen er ständig betroffen ist. Durch seine persönliche Schuld trägt er im Lauf des Lebens zu dessen Intensivierung bei. Aus eigener Kraft ist dem Menschen kein Ausweg aus diesem Teufelskreis möglich. Von außen nur kann er davon befreit werden. Mit der Erlösung durch

Christus ist diese Schuldverflochtenheit zerrissen. Weil Maria von Gott erwählt war, Mutter seines Sohnes zu werden, hat er sie von Anfang an von der Schuldverfallenheit, die wir Erbsünde nennen, bewahrt. Das ist kein Verdienst Marias, sondern ein Geschenk Gottes.

Stille

Die Kirche lehrt, dass wir durch die Taufe von der Erbsünde befreit worden sind. In der Taufe wurde also die Sündenverfallenheit, von der Maria bewahrt blieb, auch von uns genommen. Darin sind wir also dank der Taufe Maria gleich geworden. Deshalb ist es möglich, dass wir, wenn wir es beständig und ernsthaft wollen, ohne persönliche Sünde leben in innerer Verbundenheit mit Christus. In ihm haben wir den alten Menschen der Sünde abgelegt (vgl. Eph 4,22), um den neuen Menschen nach dem Bild Gottes anzuziehen (vgl. Röm 6,4; Eph 4,24; Kol 3,10). Geblieben jedoch ist uns die Begierde, die Neigung zur Sünde, der wir in der Versuchung erliegen können, aber nicht müssen.

C Lied

Wohl denen, die da wandeln (GL 614,1–3)

D Gebet

Unser Vater, Gott,
in Maria stellst du uns einen Menschen vor,
der ganz offen war für dich und bereit,
deinem Willen zu gehorchen.
Wir bitten dich um deine Hilfe,
damit auch wir nach ihrem Beispiel unser Leben
ganz nach dir ausrichten wollen.

E **2. Besinnung**

Maria blieb von der Erbsünde bewahrt, wir wurden von ihr befreit. Wie gehen wir nun um mit der Neigung zur Sünde, die uns geblieben ist, weil uns die Entscheidungsfreiheit gegeben ist? Wir können, müssen aber nicht sündigen. Und wir wissen, dass es uns oft gelingt, der Neigung zum Bösen, zur Sünde zu widerstehen. Wir wissen aber auch, wie oft wir der Versuchung zum Bösen erliegen. Aber dann müssen wir nicht liegen bleiben. Nach jedem Fall können wir aufstehen und neu anfangen, uns an Christus aufzurichten. Gewissenserforschung, Vergebungsbitte, Beichte und Vorsatz helfen uns dabei.

F **Lied**

O Herr, nimm unsre Schuld (GL 168,1–4)

G **Fürbitten und Bitten**

Unser Vater im Himmel, wir bitten dich:

- Gib uns täglich neu die Bereitschaft, in Einheit mit dir zu leben.
- Schenke uns Freude an deinen Geboten, damit wir bessere Menschen werden.
- Erfülle uns mit Eifer für das Gute, damit wir der Sünde widerstehen.
- Schenke allen, die Schuld auf sich geladen haben, Vergebung.

Vater unser …

oder

Bittrufe

Maria, wir rufen zu dir:

A Bitt Gott für uns, Maria.

- Um täglich neue Bereitschaft, in Einheit mit Christus zu leben.
- Um Freude an Gottes Weisungen.
- Um Eifer für das Gute.
- Um Vergebung aller Schuld.

H **Wechselgebet**
Grüssauer Marienrufe (Anhang S.78)

I **Segen**

J **Lied**
Maria, breit den Mantel aus (GL 595,1–4)

Anhang

Marienlitanei

V Heiliger Gott
A Erbarme dich unser!
V Heiliger starker Gott –
Heiliger unsterblicher Gott –
Heiliger dreifaltiger Gott –

V Maria, Mutter Jesu,
A bitte für uns!
V Maria, Mutter Gottes,
Maria, du jungfräuliche Mutter,
Maria, du liebende Mutter,
Maria, du sorgende Mutter,
Maria, du Mutter der Kirche,
Maria, du Magd des Herrn,
Maria, du Dienerin Gottes,
Maria, du Dienerin der Menschen,
Maria, du Vorbild im Glauben,
Maria, offen für den Anruf Gottes,
Maria, von Gott erwählt,
Maria, gesegnet unter den Frauen,
Maria, dem Willen Gottes gehorsam,
Maria, auf Gott vertrauend,
Maria, stark in der Not,
Maria, auf der Suche nach Jesus,
Maria, durchbohrt von Schmerz,
Maria, trauernd unter dem Kreuz,
Maria, erfüllt von Heiligem Geist,
Maria, aufgenommen in den Himmel,
Maria, von den Menschen gepriesen,
Maria, unsere Fürsprecherin,
V Vater im Himmel, Gott, höre uns an!
A Gott, erhöre uns!
V Herr Jesus Christus, Gott, höre uns an!
Heiliger Geist, Gott, höre uns an!

Marienlitanei (Singweise)

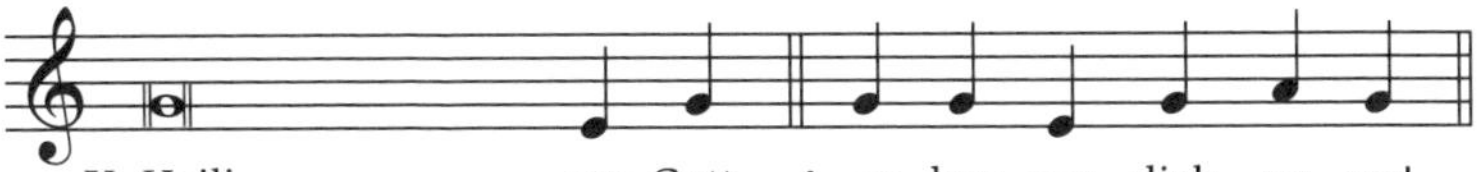

V Heili - - - ger Gott, **A** er - bar - me dich un - ser!
Heiliger star - ker Gott,
Heiliger unsterbli - cher Gott,
Heiliger dreifalti - ger Gott,

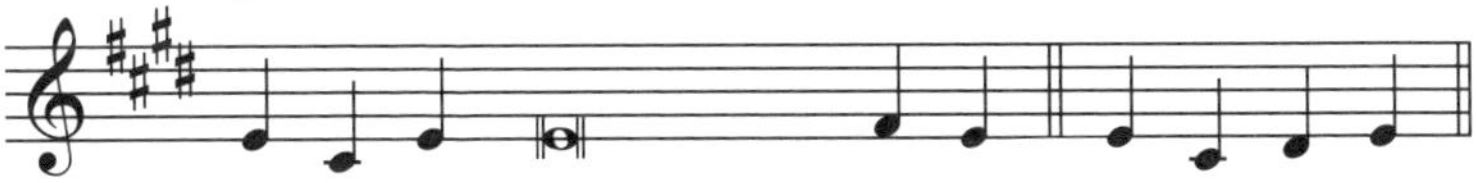

V Ma - ri - a, Mutter Je - su, **A** bit - te für uns!
Maria, Mutter Gottes,
Maria, du jungfräuliche Mutter,
Maria, du liebende Mutter,
Maria, du sorgende Mutter,
Maria, du Mutter der Kirche,
Maria, du Magd des Herrn,
Maria, du Dienerin Gottes,
Maria, du Dienerin der Menschen,
Maria, du Vorbild im Glauben,
Maria, offen für den Anruf Gottes,
Maria, von Gott erwählt,
Maria, gesegnet unter den Frauen,
Maria, dem Willen Gottes gehorsam,
Maria, auf Gott vertrauend,
Maria, stark in der Not,
Maria, auf der Suche nach Jesus,
Maria, durchbohrt von Schmerz,
Maria, trauernd unter dem Kreuz,
Maria, erfüllt von Heiligem Geist,
Maria, aufgenommen in den Himmel,
Maria, von den Menschen gepriesen,
Maria, unsere Fürsprecherin,

V Va - ter im Him - mel, Gott, hö - re uns an!
Herr, Je - sus Chris - tus,
Hei - li - ger Geist,

A Gott, er - hö - re uns!

Mariengruß I

V Maria, du Mutter Jesu,
A sei gepriesen und verehrt!
V Maria, du Mutter des göttlichen Wortes,
A sei gepriesen und verehrt!
V Maria, du Mutter unseres Erlösers,
A sei gepriesen und verehrt!
V Maria, du Mutter Gottes,
A sei gepriesen und verehrt!

(im Folgenden abwechselnd rechts und links)
Sei gegrüßt, den gefallenen Adam richtest du wieder auf.
Sei gegrüßt, von ihren Tränen erlösest du Eva.
Sei gegrüßt, du fester Halt unseres Glaubens.
Sei gegrüßt, du Hüterin der Hoffnung.
Sei gegrüßt, du Vorbild in der Liebe.
Sei gegrüßt, du Beistand in der Not.
Sei gegrüßt, du Trost in der Bedrängnis.
Sei gegrüßt, du Botin des Friedens.
Sei gegrüßt, du Mutter der Barmherzigkeit.
Sei gegrüßt, du starke Frau im Leiden.
Sei gegrüßt, du Fürsprecherin der Sünder.
Sei gegrüßt, du Helferin der Christenheit.
Sei gegrüßt, du Erhöhte in Gottes Herrlichkeit.

A Gegrüßet seist du Maria …
(Liedfassung S. 75)

Mariengruß II

V Sei gegrüßt, Maria, du Mutter Jesu,
A sei gepriesen und verehrt!
V Du Mutter des göttlichen Wortes,
Du Mutter unseres Erlösers,
Du Mutter Gottes,
Den gefallenen Adam richtest du wieder auf.
Von ihren Tränen erlösest du Eva.
Du fester Halt unseres Glaubens.
Du Hüterin der Hoffnung.
Du Vorbild in der Liebe.
Du Beistand in der Not.
Du Trost in der Bedrängnis.
Du Botin des Friedens.
Du Mutter der Barmherzigkeit.
Du starke Frau im Leiden.
Du Fürsprecherin der Sünder.
Du Helferin der Christenheit.
Du Erhöhte in Gottes Herrlichkeit.

A Gegrüßet seist du Maria …
(Liedfassung S. 76)

Welch ein Glück der Auserkornen

1. Welch ein Glück der Auserkornen,
das sie sah den Eingebornen,
wie er in der Krippe lag.
Aller Schmerz ist nun vergessen,
Freude füllt das Herz ob dessen,
dass sie ihm das Leben gab.

2. Hirten kamen und erzählten,
was über den Auserwählten
Engel ihnen kundgetan.
Staunend hört sie ihre Worte,
lässt sie in des Herzens Pforte
und bedenket sie fortan.

T: Werner Eizinger
M: zu singen nach GL 584
(Christi Mutter stand mit Schmerzen)

Magnifikatlied

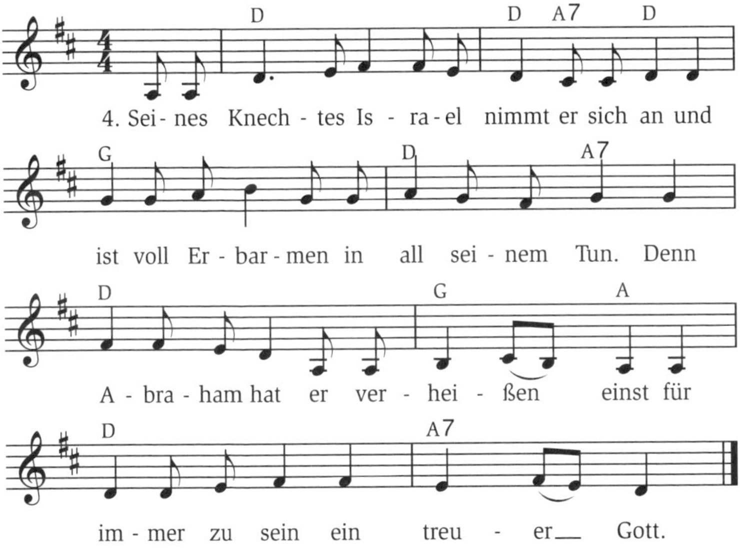

T: Werner Eizinger (nach dem Magnificat)
M: Werner Eizinger © beim Autor

Gegrüßet seist du, Maria

T/M: Werner Eizinger © beim Autor

Mutter Gottes, wir rufen zu dir (Grüssauer Marienrufe)

Dich loben die Heiligen Gottes –
Dich loben auf Erden die Christen –

Du heiligste Tochter des Vaters –
Du Mutter des Herrn und Erlösers –
Du Tempel des Heiligen Geistes –

Du Jungfrau, prophetisch verheißen –
Du Reis aus der Wurzel des Jesse –
Du Morgenstern unsrer Erlösung –

Du Thronsitz der ewigen Weisheit –
Du Arche des ewigen Bundes –
Du Anfang der christlichen Freude –

Du Braut und Gefährtin des Heilands –
Du Mittlerin bei deinem Sohne –
Du Urbild der heiligen Kirche –

Mit dir ist des Herrn reichste Gnade –
Du Spiegel und Vorbild der Tugend –
Du reinste und keuscheste Jungfrau –

Voll Demut und Gott stets verbunden –
Du liebevoll dienend den Menschen –
Du starkmütig leidend mit Christus –

Als Mutter vom Herrn uns gegeben –
Du mächtiger Schutz aller Christen –
Du Hilfe der kämpfenden Kirche –

Du Trösterin aller Betrübten –
Du Kraft der zu Unrecht Verfolgten –
Du Zuflucht der reuigen Sünder

Du Herrin der Welt und der Kirche
Du Freude des Heiligen Gottes –
Du Königin himmlischer Scharen –

T/M: Grüssauer Marienrufe

Segne du, Maria

2. Segne du, Maria, alle, die mir lieb; / deinen Muttersegen ihnen täglich gib! / Deine Mutterhände breit' auf alle aus; / segne alle Herzen, segne jedes Haus! / Segne alle Herzen, segne jedes Haus.

3. Segne du, Maria, jeden, der da ringt, / der in Angst und Schmerzen dir ein Ave bringt! / Reich' ihm deine Hände, dass er nicht erliegt, / dass er mutig streite, dass er endlich siegt, / dass er mutig streite, dass er endlich siegt!

4. Segne du, Maria, unsre letzte Stund'! / Süße Trostesworte flüst're dann dein Mund! / Deine Hand, die linde, drück das Aug' uns zu, / bleib im Tod und Leben unser Segen du! Bleib im Tod und Leben unser Segen du!

T: Cordula Wöhler 1870 M: Karl Kindmüller

Maria, du wirst groß genannt

2. Den Herren aller Welt hast du als keusche Jungfrau uns gebor'n. Hätt er uns nicht erlösen woll'n, so wär'n wir ewiglich verlor'n.

3. Du hast in Kummer und in Leid niemals auf deinen Wunsch geschaut, warst Jesus stets zu Diensten nur, weil du im Herzen Gott vertraut.

4. Doch all dein Leid war nicht umsonst, denn Christus hat den Tod besiegt. Da er zum Vater auferstand, bei ihm nun uns're Hoffnung liegt.

5. So hilf uns gute Mutter nun, dass wir an seiner Seite steh'n, ihm dienend seine Zeugen sind und mit ihm einst zum Vater geh'n.

T/M: Werner Eizinger © beim Autor